HOW TO HUG A PORCUPINE

Easy Ways to Love the Difficult People in Your Life

他不讓你好過，你更要好好過

面對帶刺之人的不受傷練習

With a Special Foreword by Dr. Debbie Joffe Ellis

黛比．約菲．艾利斯博士——前言作者
王曉伯——譯

「我們往往忽略了
一次輕觸、微笑、親切話語、聆聽、誠心讚美，
或是一個小小關懷動作所帶來的力量。
它們全都具有讓生活改觀的潛力。」

——利奧・巴士卡力（Leo Buscaglia），
知名演說家暨教育家

推薦文

「沒有畫下界線，就無法責怪別人越線」、「當對方渾身是刺，先處理情緒，再面對問題，有時候，避免衝突就是一種勝利。」光是看到這幾句讓人眼前一亮的文案，就已經超級期待跟讀者分享這本好書了。這本書裡面提到的心法，不僅有實效，也容易在生活中實踐，幫助我們穩定情緒，並且提升跟人的良好互動。

理性情緒行爲療法（REBT）是我在學習心理治療的啟蒙，作者的大名更是久仰，每次閱讀艾爾伯特・艾利斯博士的大作，都會有重新當學生的感覺，很期待能再次溫習REBT的精要，跟讀者一起體驗理性生活的美好。

——洪仲清，臨床心理師

在人生的旅途中，我們時常會遇到渾身帶刺的人，一靠近就不小心讓自己遍體鱗傷。我很喜歡這本書，精簡地提出面對這些人我們可以應用的小策略。幫助我們好好穩住自己，優雅應對！在NLP神經語言學裡頭有一條前提假設：「任一系統裡最靈活的人最能掌控大局。」當我們能因這些策略而讓思想靈活，就好像有了更多的小工具來穩定自己、搞定他人、掌控場域！我們不再是任人踐踏的小草，而是成爲在狂風暴雨下也依然可以堅韌不拔的存在！

——許庭韶，人生設計心理諮商所所長、美國NLPU高級導師

目次

第三部　各種場合的帶刺之人

目次

目次

前言

本書是一件力量強大的工具，只要照著書中的建議實行，它能引領我們進入一個和諧、溫暖與更好的世界。

它會讓我們了解自己擁有主導態度、情緒與行動的能力。只要有所取捨，我們就能維持內心的平和來面對外在的各種挑戰，避免自己受到不必要的傷害。

如果我們讓自己的情緒化判斷攻破心防，本書可以幫助我們重建自我接納的心態。如果被別人的傷害性或挑釁行爲所激怒，本書提供的策略能夠幫助我們平息怒氣，穩定心情。如果一時失控，爆發怒氣，本書的智慧之語會提醒我們放寬心，別往心裡去。透過面面俱到、可以輕鬆遵循的策略，本書要教讀者如何面對生活中的帶刺之人，在與他們周旋的同時，也試著理解他們升起的防衛心，學習更有效的化解方式。

睿智的心理學家艾爾伯特・艾利斯博士（Albert Ellis PhD）說過：沒有人能夠惹惱我們，除非我們允許他們這麼做。我們透過理性思考，用體諒、平靜與同理的心態來採取行動，學習主導情緒與避免魯莽行事，不要在面對威脅與挑釁時，反射式地升起防衛。即使面對的是一個帶刺的人，防衛心極重，我們敞開胸懷的做法也不會遭到虛擲。每當我們以平靜、同理與接納的心態對待他人，都是在自己內部強化這些力量。

本書的策略足以扭轉局面，這是你隨時都能翻閱並且付諸實行的一本書。透過不斷實踐，我們可以消除固執的負面情緒，以身作則，感染身邊的人。

人生很短，時光寶貴，不值得把它虛擲在防禦、攻擊或是憤怒與恐懼。取而代之的，應該是耐心、同理、體諒、平靜與接納。我們努力在自己內在與人際關係中創造更大的和諧，就是在建立一個更爲健康且健全的世界。

我們可以把這本書視爲預防針、營養補充品或急救箱，用它來維護情緒與心理健康，藉由它對我們的心靈有更深入的認識。生活中難免有人讓我們的日子不那麼好過，善用這本書，讓自己好好過下去。

出版人的話

一路走來，我們都深切體認到，身邊有些人十分難相處。我們或許在職場上、家族裡、朋友圈就曾與這樣的人交手，甚至在日常生活裡也可能隨時遇上。

遺憾的是，這些「帶刺的人」並不會因爲我們不喜歡就從生活裡消失。

在接下來的篇章中，我們將學習策略來應付這些複雜又難懂的人。這很重要，不只是因爲我們別無選擇必須面對他們，也因爲我們能學到如何與自己截然不同的人相處。

生命中的帶刺之人挑戰著我們，但也促使我們成長，蛻變成更好的人。

——安德魯．弗萊契（Andrew Flach）

第一部

帶刺的人 vs. 豪豬

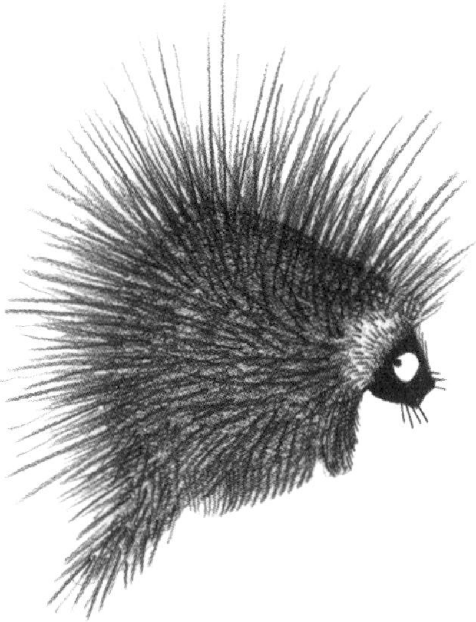

「生活中最大的快樂是確信有人愛你——
有人因為你是你而愛你，
或者更確切地說，
儘管你是你，有人依然愛你。」

——維克多．雨果（Victor Hugo）

01 為什麼比喻成豪豬？

自古以來，世界各地的文化常常以動物特性來識別與描述人類的個性。例如在美國原住民的文化中，部落的每一個人都必須經歷一場神祕儀式以確認他們的動物屬性。這些動物也成爲他們名字的一部分，例如「坐牛」（Sitting Bull）與「小烏龜」（Little Turtle）。中國的生肖紀年則是以十二種動物來輪替代表每一年，認爲一個人的個性會反映出他出生那年所對應的動物特性。《伊索寓言》（*Aesop's Fables*）中的動物則是體現出不同的人類行爲，牠們的故事與遭遇提供了人性的教訓。時至今日，「頑固得像頭驢子」、「跟狐狸一樣狡猾」等措辭仍然不時在人們的談話中出現。

不論這些形容、故事與議論是否正確，人類將動物行爲與自身行爲相互聯接，透露出我們其實一直在尋求了解自己與彼此的方式。本書的主要目的，是幫助你更深入了解與應付某一種類型的人：難相處又愛挑釁的帶刺之人。我們可以把他們看成像是「豪豬」一樣。

爲什麼？要回答這個問題，首先，我們先來認識豪豬的行爲與習性。

自然界中的豪豬

豪豬屬於囓齒目，外皮有一層尖刺，稱爲剛毛。這些剛毛深植於牠們的皮膚之中，一隻豪豬可能會有逾三萬根的剛毛。豪豬共有二十七種，分爲兩大家族：舊大陸豪豬（歐洲、亞洲與非洲）與新大陸豪豬（美洲與澳洲）。豪豬的祖先追溯至三千萬年前。舊大陸豪豬是生活在陸地上，新大陸豪豬卻是攀樹高手。雖然有些種類的豪豬除了樹皮、樹根、水果、野草與植物莖塊之外，也捕食小型爬蟲與昆蟲，不過大部分的豪豬都是草食動物（只吃蔬果）。牠們並不像其他的草食動物，以群居來保護自身安全，牠們身上的剛毛是抵禦捕食性動物的利器，因此得以獨居生活。

即使是在今天，世人對豪豬仍是有所誤解。有一則傳說回溯至希臘的大哲學家亞里斯多德，他聲稱豪豬能夠發射牠們的剛毛，然而這個說法與事實大相逕庭。牠們的剛毛也沒有毒性。豪豬的名稱本身就是一個誤會，這個名字是來自拉丁語的「豬」（porcus）與「脊柱」（spina），兩者合起來就是「帶刺的豬」——但是豪豬既沒有刺，也不是豬（牠們其實在習性、食物與性情上與海狸比較相近）。

豪豬的幼仔，小豪豬，在剛生下來時剛毛柔韌，不過在幾個小時後就會變成堅硬的防禦武器。

受到威脅的豪豬

當豪豬受到威脅，牠們剛毛下的小肌肉會收縮，使得剛毛豎立，牠們的體型也因此看起來要比實際

大。豪豬接著會抖動剛毛、跺腳、發出咕嚕聲與咆哮聲，試圖嚇跑威脅牠們的攻擊者。如果敵人繼續逼近，豪豬就會轉過身來，背對敵人，抬高尾巴，並且蹲縮起來以保護自己。最後的手段，是豪豬會向後衝鋒，以牠們的尾巴擊打敵人或是以身體直接撞擊對方。這樣的攻勢往往會將一大堆剛毛留在敵人的身上，使其備感疼痛。時間一久，剛毛就會進入攻擊者的體內，造成感染。

儘管具備這些難纏的剛毛與高明的反擊招術，豪豬面對大型肉食動物仍是毫無招架之力。有一種掠食動物，漁貂，甚至發展出一套方法來閃避豪豬的剛毛，牠們將豪豬翻過身來，使其仰面朝天，露出柔軟與毫不設防的下腹。

帶刺的人爲什麼會像豪豬呢？

他們在很多方面跟其他人並無二致，最大的不同要屬他們面對威脅與侵略的反應。當遭遇威脅，他們就會像自然界中的豪豬一樣，虛張聲勢，希望嚇阻對方。

不幸的是，他們的防衛性行爲從很多方面來看都是「太弱，也太遲」。他們只有在覺得被侵犯時才會升起防禦，並且一直維持這種姿態。那麼，我們要如何化解，避免進一步的衝突？

首先，我們要對他們有更深入的認識，知己知彼才能調整自己的應對方式。

第二部

面對帶刺之人的基本指南

「彼此相愛，你們會很幸福。
這事說簡單也簡單，
但是說難也難。」

——麥可・盧尼（Michael Leunig）

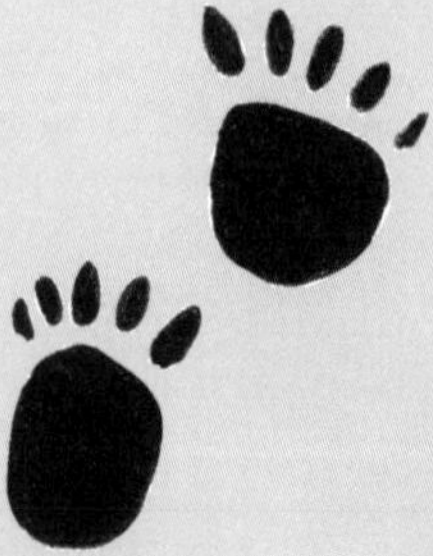

第二部提供了一些基本策略，在你遇到難搞的人時，不僅幫助你存活，還能讓你更加強韌。不論你們是在哪種場合狹路相逢，也不論你們是初識或者已認識多年，只要你的錦囊裡備有這些策略，就可以扭轉情勢。知己知彼，加上適當的應對方法，你不僅在最壞的情況下能將損害降至最低，同時也能在實踐過程中強化內在的抵抗力。這些策略要教你用幽默、聰慧與實事求是的態度來應付敏感易怒的帶刺之人。

02 讀懂帶刺之人的警告訊號

難相處的人所豎起的防禦，通常是透過他們的言詞來展現，以最爲挑釁與兇狠的語言表達出來，而且聲調通常都很高。一旦出現這些警告徵兆，我們就要提醒自己，在他變得更具攻擊性之前，提早擬定應對策略。

03 收起自己的刺

帶刺之人的防衛行爲具有感染力。在與他們爭執的當下，很多人抗拒不了誘惑隨之啟動自己的攻擊模式。這是災難的開始。我們在這個關鍵時刻如何反應，決定了我們是化解或開啟一場爭鬥。

後退一步，深呼吸，別讓自己跟著豎起來的刺，反過來傷了自己。

04 尊重對方的底線

我們不妨把帶刺之人的攻擊行爲，想像成一隻受到驚嚇、走投無路的豪豬所使出的最後一搏。他們往往是感覺受到威脅才會發動攻擊，釐清與尊重他們的底線，有助於緩解他們已經升起的防衛心，也讓我們知道往後如何拿捏界線。

05 設想對方的需求與恐懼

再怎麼難相處的人，最初始的模樣也與我們相差無幾，大多是成長過程中的某些經歷、恐懼或挫敗逐漸形塑他們成爲現在的樣貌：習慣於磨利自己的刺作爲武裝。

他們豎起來的防禦，是他們的經歷所造成的結果——已成爲他們的一部分，他們並不是帶著要刻意傷害我們的意圖而啟動攻擊。抱持這樣的觀點，我們會對他們的反應更具同理心，更清楚如何謹慎地與他們打交道。

06 尋找軟肋

即使是豎起剛毛的豪豬也有弱點——他們的小腹。與難相處的人打交道需要格外謹愼與周詳的策略，但只要留心，不難發現他們也有情感上的「軟肋」。總會有一個話題能讓他展露笑容，讓他在每次聊起來時卸下心防。可能是某種他懷有熱情的東西、嗜好，或者是關於他喜愛之人的趣事。

觀察能讓帶刺之人感到歡樂的事情，主動使它成爲你們之間的話題——你會讓他感覺與衆不同，認爲你是眞正關心他的生活。

07 發揮同理心

要面對一個難相處的人需要發揮很大的同理心，花一些時間來問問自己：他目前的感受是如何？如果異地而處，換成是自己藏身於這些防禦之下會有什麼感覺？我在面對像自己這樣的人時會是什麼情況？要對生活圈中的帶刺之人負起責任、甚至展現關愛，我們需要具備情感上的成熟度、換位思考的彈性才足以勝任。

08 避免踩雷

平時多留意觀察對方有哪些雷區，例如，如果他在吵嘈環境下容易不耐煩、或是談到某個敏感話題會變得情緒化，那麼，讓他暴露於這些會挑起情緒的場景，就等於是自找麻煩。**有時候，光是避免衝突就是一種勝利。**

09 投其所好

每個人都想感覺自己與眾不同。如果他在辛苦工作一天後，喜歡小酌來放鬆，就在他回家時爲他奉上一杯。如果他喜歡在週日下午不受干擾地觀賞美式足球比賽轉播，就事先排除會造成干擾的事物，讓他好好獨自享受這一段時光。

設想對方的需求是通往和諧關係的重要條件，沒有什麼比向一個人展現關心能更快地解除他的心防。

10 表明自己的好惡

跟人相處是一條雙向道，難相處的人也不例外。這是一個彼此溝通、學習與了解的過程——對雙方都有益。**我們在關心對方的同時，也要把一部分的焦點放在自己身上。**向對方表明自己的需求是我們的責任，就如同他們也有義務做同樣的事。

11 用相同的語言對話

面對一個防衛心很重的人，最好能引導他袒露有哪些事會挑戰他的底線。要達到這個目的，我們可以自己先這麼做，表明有哪些事會讓我們升起防禦。讓彼此用相同的語言對話，向他展示你理解他所經歷的事情，並且感同身受。

12 示弱

在某些情況下，暴露自己的弱點反而是你的最佳防禦。坦承自己的恐懼與憂慮，讓他知道你們同樣都有弱點，這樣的共通點有助於開啟雙方的溝通之門。

先示弱，也許他也會對你開誠布公，袒露自己最柔軟的那一塊。

13 保持安全距離

除非你自認已有足夠的防禦力，否則不要自討沒趣，明知道對方已豎起渾身的刺還自己撞上去。豪豬的剛毛不會傷人，除非我們自己靠近；沒有人能傷害我們，除非我們自己允許。當對方情緒激動，就跟他保持安全距離，有什麼事，都等自己做好準備或等他冷靜下來再說。

14 別當成是針對你個人

對方的情緒暴走，儘管你是導火線，但問題的真正根源可能與你無關或關係不大。**我們愈能把自己獨立於他的情緒之外，就能保留更多心力來找出對雙方都有益的解決之道。**

15 避開帶刺的陌生人，專注於身邊的難搞之人

當我們忙於改善自己與親近之人的關係，就盡量避開陌生的帶刺之人，不然對我們已經疲憊不堪的精神狀態無疑是雪上加霜。

像是犯了路怒症的駕駛人或是脾氣暴躁的鄰居，都是要盡量避開的對象，不要讓他們影響自己的情緒，把心力留給身邊重要的人。

16 用善意化解攻擊

如同豪豬在受到威脅時會豎起防禦，帶刺的人也是如此。**要化解這樣的敵意，硬碰硬絕非上策，而是要設法移除他們感受到的威脅**。釋出一點善意，用友善的言詞展現關懷的態度，可以減輕對方的焦慮。等他意識到我們並非威脅，防禦自然會緩緩收起，緊繃的氣氛也會緩和。

17 呼喚對方的名字

人的名字有一種魔力，大多數人聽到自己的名字都會鎮定下來。用安撫的語氣呼喚對方的名字，安慰他一切都會好轉的。

18 事先籌劃

跟生活中大部分的事情一樣，事前準備都是有益的。在面對一場可能爆發的潛在衝突之前，預先沙盤推演自己的應對策略，並且在過程中堅守計畫，不讓當下的情緒亂了自己的方寸。事前擬定一個行動方案可以避免我們的防衛心變得過強。

19 穩住自己的脾氣

耐心是一種美德，體諒別人也是一種難能可貴的特質。面對難搞的人，我們尤其需要兩者兼具。抗拒發脾氣的衝動，用耐性與體諒取而代之，用它們作爲解決衝突與矛盾的首要方針。

20 別跟著丟出自己的問題

在雙方對峙時，避免把自己的問題帶入戰場裡。這麼做，只會冒著讓自己感到挫敗的風險，同時也意謂著對方讓你上鉤了。換句話說，你變得像他一樣失控只是早晚的問題。反之，深呼吸，平衡自己的情緒，當對方張牙舞爪，我們更要擁有冷靜與智慧。

21 皮要厚，反應要慢

如果我們皮薄又玻璃心，對方的情緒波動都會讓我們大受影響。以烏龜爲師，穿上厚厚的盔甲，避免在被挑釁的當下做出未經思考的立即反應。相反地，**我們要慢慢來，讓對方唱獨角戲，他很快就會自己耗盡力氣**。緩慢而穩定才是贏得比賽的關鍵。

22 手握方向盤

我們每次與難相處之人接觸所承受的壓力、焦慮，甚至是互動習慣，都會大幅影響雙方關係的未來走向。切記，我們與對方的關係是一條雙向道，**我們必須把自己看成一名謹慎的談判者，我們的行為、語言、反應都會影響互動結果**。不論發生什麼情況，我們都要手握方向盤，別讓情緒奪走主導權。

23 按下暫停鍵

當你和對方起了爭執，例如在電話中爭吵不休，雙方在氣頭上都說了很多言不由衷的話。接下來，你應該怎麼辦？

按下暫停鍵。

不妨試想，你會揮舞著紅旗衝向一頭公牛嗎？你會明知泳池內滿是食人魚還跳下去練習仰泳嗎？絕大多數人都不會這麼做，那麼，爲何要跟豎起渾身刺的人一爭高下呢？如果對方已經處於戰鬥狀態，我們最好按下暫停鍵。

暫停片刻，等雙方冷靜下來再繼續。

24 徵詢建議

要應付難搞或防衛心重的人，最好的輔助資源其實就在我們身邊，我們可以向朋友、同事或鄰居尋求他們的看法。每個人在生活中或多或少都與這樣的人打過交道，向他們請益除了可以讓你一吐爲快，也許還能收穫一些實用的應對策略。

25 讓對方發洩

每人都需要宣洩情緒，如果對方正處於這樣的狀態，就不要妨礙他。事實上，鼓勵他「一吐爲快」是邁向改變的重要一步。他之所以如此難受可能就是因爲壓抑過多情緒，我們可以展現關懷引導對方抒發出來。

26 給予對方時間

一個人之所以難相處，背後的成因源遠流長，要揭露與處理它們是一個耗時的過程。不要急於求成，給予對方必要的時間，你的耐心終會有回報。

27 先處理情緒，再面對問題

我們的第一反應往往會聚焦於行爲，而忽略行爲背後的動機，導致我們錯過問題的癥結點。行爲背後的動機往往才是最需要關注的地方。

面對帶刺之人，我們首先要釐淸他的動機，他會這麼做是出於恐懼嗎？如果是的話，又是什麼讓他感到恐懼？循著這樣的思路，我們可以在面對他時找到一條反制之道，避免激起他的防衛心。

別忘了：**帶刺之人的防衛是一種情緒化的反應，化解情緒就能化解反應。**

28 信任是通往安全感的橋梁

要讓對方卸下心防，其中一種方式是讓他知道他可以信任你。透過前面提及的方法，我們已經有能力跟他進行坦誠又具同理心的溝通。讓他知道，不論有什麼難題，我們都會跟他一起找出解決之道，他在我們身邊是安全的。

29 避免把對方的行為一般化，就事論事

我們經常在自己沒有察覺的情況下，把他人的行爲一般化，像是：「你老是遲到！」、「你從不告訴我你的感受！」這種傾向很容易引發對立、模糊當下的焦點。使用明確又具體的語言與對方溝通，比較有利於解決問題。比方說，具體指出對方做了哪些讓我們困擾的行爲，由此展開，進一步說明我們爲什麼覺得困擾。可以舉例，但要避免過於批判。

如此坦白的溝通很難不讓對方升起防衛心，但唯有明確點出問題所在，才能令他反思自己的行爲。就事論事，可以把他的反應控制在特定的範圍內。

30 適度妥協

要與對方交心，我們需要付出情感上的努力。任何只有單方面付出的關係，都極可能以失敗告終。不論我們喜歡與否，都必須在某些方面讓步，甚至做出改變。**妥協，是向對方表明我們願意扛起這段關係中屬於我們的那一半責任。**

31 對他為何如此保有好奇心

恐懼與焦慮有時候是觀點所導致。所以，如果我們不確定對方爲何反應激烈，不要逕自假設原因。反之，我們應該對他爲何如此反應保有好奇心（好奇心在很多方面都是一個好東西），引導他用自己的話來解釋他的行爲。他會因爲你的好奇心慢慢卸下防衛，你也可能因此對他有新的認識。

32 停止一味責怪

沒有什麼比責怪能更快速引發他人的脾氣。因爲**責怪等於暗示對方必須承擔所有的責任，從而消滅了互相理解與妥協的機會**。對於帶刺之人而言，責怪是信任與溝通的反面，遭到指責是他們避之唯恐不及的事情之一。

因此，當你面對一個防衛心很重的人，別用指責來開啟溝通，也盡量避免接連使用「你」或「你的」（例如「你這樣做……」）等字眼，否則他的防衛心立刻就會升起。在明確指出對方的行爲如何困擾你時，只需表達自己的感受，避免指責或批判。

33 只想著贏，反而更容易輸

在一段關係中，沒有絕對的贏家或輸家，難相處的人也可能與我們有密不可分的牽絆，如同共乘一條船的伙伴。與他們溝通時，**如果只想著「贏」對方，反而更容易輸**，甚至兩敗俱傷，反之，我們有時候需要退一步想想是否有妥協的空間。

這並不意謂在與帶刺之人的關係中不存在「勝利」，我們可以朝著「雙贏」的目標前進。任何開誠布公和抱持開放態度的交流，對雙方而言都是一場「勝利」。畢竟，你們是一個團隊。

34 尊重對方，而非他的行為

要接近一個帶刺的人，我們需要做好準備，其中一項重要的準備工作，就是要把他們本身獨立於他們的行爲之外，兩者並非一體的。

我們不會每次都贊同他的行爲，但要提醒自己去關心他這個人。我們可以保護自己不受到他的傷害，但他始終是我們需要關切的對象，尤其是當他在我們的生活裡占有重要地位。

35 避免受到操控

當被逼到角落，誰沒有過升起防衛、責怪他人、說謊或是轉移焦點？很遺憾地說，這些策略其實在人類行爲中相當普遍，只是在帶刺的人身上更加常見。當我們面對處於這種狀態下的人，要有所警覺，避免落入像小孩子吵架那樣的迴圈：「我很難搞？那你自己呢？」（這一類型的爭論其實就跟「我是橡皮，你是膠水」相去不遠，意指你罵我的話都會反彈黏到你身上。）當你們之間出現這樣的爭執，就要拒絕受到操控、拒絕跟進。別讓對方把你拖進如此沒有建設性的對話，這些都是在受威脅下閃避問題的反應，無法達成任何結論。

保持冷靜，別讓情緒掌控了你的方向盤。

36 以身作則

與帶刺之人打交道，我們需要樹立一個好榜樣，留心避免自己的防衛心變得過重。用本書提及的方式來實踐，可以幫你做到這一點。**我們希望對方如何，自己就要先做到**，對方或許就有機會受你感染，做出改變。

37 蘇格拉底反詰法

在教學上使用的「蘇格拉底反詰法」（Socratic Method，以希臘哲學家蘇格拉底命名）仰賴的不是單方面的講課，而是提問。藉由提出適當的問題，引導對方向我們的觀點靠近……運用得當的話，他還會以爲這是自己做出的結論。

與其批評對方的行爲與反應，不如試著詢問他的看法：「你這樣做時有什麼感覺？」、「你面對這種事情有何感受？」這些問題展現出我們對他的關切（他會覺得自己受重視），我們也不會完全局限在自己的看法之上，如此可鼓勵他敞開心扉，甚至揭露了連他自己原本也不知道的新面向。

38 別輕視對方的感受

我們沒有立場否定別人的感受。當對方表露出恐懼、焦慮或是擔憂，不要輕視他；如果這些情緒影響了他的行爲，我們更要把它當回事，加以尊重並且試著幫忙解決。

39 此路不通，就換另外一條

我們平時處理某種情況或對某人有效的方法，可能無法一體適用於我們遇到的帶刺之人。當這種情況發生時，我們必須接受並且嘗試另外的方法，認清「要求」與「建議」之間的區別。我們自認很棒的建議，如果不受對方青睞，我們就要接受，另謀雙方都有共識的出路。

40 別打斷對方

對話在某種層面上像是一種權力遊戲，打斷他人暗示著自己要說的話比其他人都更重要。打斷別人原本就是不禮貌的行爲，在與帶刺之人溝通時，如此做更會冒著招致反彈的風險。想要化解對方的武裝，就保持禮貌讓他暢所欲言，我們只需閉嘴傾聽直到輪到自己開口的時候。

41 引導他打開話匣子

引導對方開口說話，透過提問鼓勵他繼續說話。一個不停說話的人會忙於思考與感受，武裝自然會慢慢卸下來。更棒的是，他持續不斷的言談是在爲你提供線索，讓你更了解他的心思。我們可以妥善運用這些資訊來建立更深入的連結。

42 扛起責任，然後道歉

如果錯在我們身上，就扛起責任，然後道歉。但有時候，光是道歉並不足夠，畢竟，在「對不起」之餘沒有任何有建設性的承諾。我們首先要承認自己理解所做所說錯在何處，並且展現出願意承擔的態度，唯有如此才是眞正由衷的道歉。我們可能需要承擔一些後果，但唯有跨過這一道坎，雙方才能繼續前進。

43 畫出自己的界線

如果我們從來沒有明確畫出自己的界線，就很難指責對方越線了。換句話說，我們要先表明自己的需求與好惡，接著再要求對方尊重它們。因此，踏出第一步的責任在於我們：清楚表明自己的底線。

44 放棄堅持自己一定是對的

沒有人永遠都是對的。事實是，我們可能很多時候都是錯的，不完美不是一種罪過，糟糕的是我們堅持捍衛自己的錯誤，硬是宣稱一切都在自己的掌握之中——問題不在我們身上，都是別人的問題。

這種防禦性的思維，在我們與他人的關係中是導致災難的根源。每個人都有可以改進與改變的地方，**堅持自己是對的不會讓我們變成是對的**，只會導致我們原地踏步，沒有任何進展。

45 給予陪伴

我們能給對方的最好禮物就是陪伴，讓他知道自己不孤單。如果他的防衛心是因爲正經歷低潮，或遭遇意料之外的打擊，陪伴能給予他所需的安慰，讓它安心解決眼前的難題。陪伴也是強化雙方關係的一種方式。

記住：**在一段親密關係中，雙方都是在同一條船上的人。**

第三部

各種場合的帶刺之人

「我總是盡量相信每個人最好的一面，
這樣可以省去許多麻煩。」

——魯德亞德・吉卜林（Rudyard Kipling）

我們已經學習了與帶刺之人打交道的基本指南。現在，我們要更具體與精準一點。帶刺之人的行爲與他所處的環境大有關係，因此，在工作上應付帶刺之人的方法，與在家裡並不相同。

在接下來的章節中，我會介紹在不同場合下的應對策略。

職場上的帶刺之人

我們大多數人從週一到週五與同事共處的時間，比家人和朋友還要多。如果與同事相處融洽，可以爲工作增添樂趣；若是「遇人不淑」，則會烏煙瘴氣。

很少有哪個工作場合是沒有一、兩個帶刺之人的，他們可能是愛大小聲的老闆、愛抱怨的部屬、難以溝通的不講理同事，還有永遠只看到黑暗面的悲觀主義者。如果在工作場所遇到這樣的人使你度日如年，該怎麼辦？要如何應付不論喜歡與否都要一起工作的帶刺之人？

別沮喪。我有法子能促進工作場合的和諧，讓你更享受工作，甚至樂於與同事共事。

46 保持堅定

如我們經常可見到的，把爭議擴大成衝突是帶刺之人的天性，這樣的情況常常發生在他覺得需要捍衛自己立場的時候。很普遍的情景是，你提出了某個敏感的問題點，導致對方的防衛心警鈴大作。也就是說，你提出的可能是一個亟需解決的問題。

因此，當對方激烈反駁，不用退縮；只要我們確認自己點出的問題值得被重視，我們就有權、也有責任說出來。認爲自己站得住腳，就保持堅定。

47 堅定，但不固執

堅定與固執只有一線之隔。堅定，意謂著我們會運用所有的溝通技巧來瓦解對方的防禦心，找到一個對雙方都有效的解決方法。堅定、自信，對所有可能的解決方案抱持開放態度而不固執己見，你不僅能增加安然度過這次挑戰的勝算，也爲與你共事的帶刺之人提供一個相互體諒的絕佳示範。

48 聰明提問

什麼才是好問題？如果我們提出一個問題，結果卻讓老闆陷入焦慮或發怒，可能是因爲這個問題背後存在著更大的問題，例如截止期限迫在眉睫。因此，**我們在提問時可以往前多想幾步，避開前面的小問題，直搗最關鍵的問題**。也許可以改成這麼問：「這個專案的期限快到了，我可以如何幫忙來讓專案準時完成？」

直搗關鍵的問題，可以避免引發對方的焦慮，幫助雙方往前推進。

49 緊扣主題

我們一旦提問，對方很可能難以抗拒本性的誘惑，給予一個充滿防衛性的回應。此時，我們要提醒自己：緊扣主題，抗拒自己也想採取防衛性行爲的衝動。反之，藉由提出另一個問題，表明我們的本意是要幫忙，而非指責或是揭露問題。任何一位好老闆、好主管馬上就能察覺你的用心，氣氛也會緩和下來。

謹慎地提出一個好問題，會帶來好結果。

50 用心傾聽

傾聽的力量強大。透過傾聽，我們在對方眼中會從一個潛在對手轉變成盟友。透過傾聽，我們不再是問題的一部分，反之，我們是擁有豐富資訊，足以提出解決方案的幫手。

51 用對方的眼睛看事物

在某些情況，對方的焦慮是合情合理的。此時，我要再次強調同理心的重要。**透過對方的眼睛看事情，在很多時候都是你的最佳策略。**試著想像你遭遇同樣挑戰時的感覺，與對方分享你的感受。讓他知道他並不是唯一一個會如此反應的人，防衛心自然也會有所下降。

52 給予支持

如果我們的工作場所是一個激烈競爭的環境，帶刺之人在這種環境下更容易暴露出最糟糕的一面。我們要避免陷入不斷交相指責與升起防衛的迴圈。反之，給予支持，用善解人意來化解工作上的競爭厲氣。這是超越好鬥，邁入更有成效的共存模式的最佳方式。

53 尋找共同的興趣

公司活動和聚餐其實有它們存在的理由——幫助員工彼此認識與建立更深的連結。因此，如果你的公司沒有安排這樣的業餘活動，不妨自己規劃一下。在週五下班後相約去看場球賽、電影、吃飯逛街或是喝杯咖啡，你很有可能會發現自己與同事有很多可以分享的東西。在上班之外的場合去發掘和聊聊這些事物，有助於你們未來在工作上進行更有效的溝通，也可以建立在合作上不可或缺的信任。

當衝突升起，人際工具總是能發揮作用，因此，想辦法去更加了解自己的同事。

54 做筆交易

談判是一門藝術。要進行一場真心的談判，矛盾的各方必須了解彼此的需要與要求，並且在過程中避免情緒化，專注於協商的主題和事實。這也正是應付帶刺之人的關鍵。

去吧，如果有需要，就跟對方進行協商，然後做筆交易。

55 勇於承認錯誤

有必要時，就勇於承認錯誤。承認錯誤（在意義上與道歉並不完全相同）是一種健康且重要的情緒行爲。透過對自己的行爲負責，我們是在實踐「以身作則」的指南，並且把這樣的態度感染給對方。當我們能夠坦蕩蕩地承認錯誤，也就不會害怕遭到指責，這又給了對方一個能夠與你自在相處的理由。

家庭裡的帶刺之人

家庭生活是社會的根本，也是大多數人活動的主要場域。它可以提供我們成長所需要的養分，然而，它也可能是讓我們缺乏安全感與養成壞習慣的根源。在家族網絡裡，我們慢慢形塑出自己是誰和學習如何跟別人打交道。

家庭生活如此重要，我們卻很常在家裡覺得受挫。家中可能有個難搞的伴侶、愛嘮叨的父母和叛逆的小孩。能夠悠遊於家人之中，才能提高我們的生命質量。以下是一些能幫助我們做到的提點。

帶刺的伴侶

跟一個帶刺的伴侶同住一個屋簷下，會如坐針氈般痛苦。你們不只是共享一個空間，也分享彼此的生活，伴侶同時也是我們放在心上的人。這意謂著他們豎起來的刺眞的會傷到我們。這樣的傷害不僅會導致我們也採取防衛——釋放出自己內心裡的豪豬——就長期而言，也會危害彼此之間的感情。好消息是我們有辦法改善這樣的情況，與伴侶重拾和諧的關係。

在接下來的章節，我會教你一些應付帶刺伴侶的方法，同時愛著他們武裝底下的原本模樣。讓你的伴侶變得柔軟，甚至建立起比以往更爲親密的關係。

56 闡明問題的重點

在應對帶刺之人的諸多提點中有一個共通處，就是保持理性。帶刺之人升起武裝通常是由情緒與非理性所引發，如果我們對當下的情況給予冷靜與直搗重點的分析，等於是在消除對方做出激烈反應的理由。

分析造成對方焦躁不安的情況，緩和他的情緒，才有機會解決問題。

57 愛對方之前，先認識自己

先面對與認識自己內心裡容易武裝起來的刺，才能更妥善地調整自己，面對生活裡的帶刺伴侶。爲什麼呢？

首先，這是在鍛鍊我們的情緒肌肉，讓自己的心理素質更加堅強，就有如參加大賽之前的訓練營。

其次，這樣做有助於磨亮我們的同理心。面對過自己的擔憂與恐懼，就會深刻體認到對抗自己的弱點有多困難，自然也會多點耐心來對待伴侶。

第三，我們等於是在以身作則。坦誠面對自己的勇氣，以及理解這一段心理過程的豁達，都將對伴侶有所啟發。

58 不是爭執，只是意見不合

不要將彼此的矛盾視爲「爭執」，而是看作「意見不合」。「爭執」隱含有言語上一來一往交鋒的意思。反之，「意見不合」（disagreement）在字面上就有包含有達成共識（agreement）的可能性。頻繁的爭執，容易導致愈來愈深的分歧；意見不合，則代表可以寬容地看待彼此的不同觀點，或是將它視爲邁向最終共識的過渡階段。

59 把問題獨立於情緒之外

想要冷靜與理性地溝通，首先，我們要把當下的問題獨立於情緒之外。排除掉情緒性的干擾，我們才能不偏不倚地指出問題核心的所在。在責怪、哭鬧、哄騙、內疚之餘，問題本身才是雙方需要一起專注與合作的目標；若是深陷於這些情緒性反應，最後只會走入僵局。

60 謹慎選擇溝通的時機

避免雙方都在氣頭上或過度緊繃的時候進行溝通；反之，另外預定一個時間來針對問題舉行家庭會議或一對一的溝通。用平靜和體貼的態度進行開誠布公的討論，詢問伴侶爲什麼感到困擾。

要留心的是：帶刺之人的防衛是一種本能，他們因此會預期你用否認、不合邏輯的指控等相同態度來回應。堅守自己的防線，拒絕加入互咬遊戲的誘惑，繼續用安撫的語調深入問題。一旦我們了解問題的癥結，要解開這個結也就比較容易了。

事先安排一個合適的時機，除了可以避開其他事物的干擾，讓自己處於比較理想的狀態，也給了雙方更多時間反省彼此之間的矛盾。**我們不必在狀態不佳時強迫雙方進行談話，但要及時重新排定一個合適的新時間。**

61 提供替代方案

如果在促膝長談之後，你和伴侶得到的結論是：他需要屬於自己的獨處時間。那麼，雙方就針對這個結論找出一個兩人都能接受的辦法。

你可以幫忙提供一些選擇方案來達成這個目的。如何兼顧家務又不妨礙獨處；如何不疏忽小孩又能享受自己的生活。兩人達成共識的作法才能走得長久，避免心有不平。

62 搭檔合作

一旦擬定了辦法，就要確實執行。

當伴侶向你坦承了問題和感受，他會想知道你是不是跟他站在同一陣線的夥伴。你應該透過搭檔合作，讓伴侶感受到你的支持，以及對於新改變的贊同。行動是展現你支持的最佳方法。

雙方共同制定了一項計畫，就要像同乘一艘船的夥伴那樣，爲了抵達目的地一起付出努力。

63 堅持不懈

沒有什麼比共同擬定的解決方案只維持一、兩天更讓人寒心了。堅持不懈且保持同調，瘦身、金字塔與一段良好關係都有一個共同點：它們都需要時間。

64 接受批評

　　我們願意敞開心胸，討論彼此之間的關係，同時也虛心接受伴侶對自己的評價，這樣的態度可以樹立榜樣，有助於伴侶（和其他家人）之後面對同樣令人感到不舒服的場面。

65 你不孤單

有時候，你可能會感覺孤單，彷彿只有自己單方面在嘗試修補關係。但很有可能的是，你的伴侶一直都在觀察。當你用耐心、同理心以及給予支持來展現愛，這些付出都比無所作爲更有機會得到回報。很有可能就在你打算放棄時……你的伴侶會給你驚喜。

66 一起找樂子

避免陷入一成不變的日常。一起找樂子，是打敗枯燥乏味、對伴侶感到麻木的最好法子。籌備一趟家庭旅行、參加社區的遊戲之夜、外出看場電影，或是舉辦一場燒烤聚會。爲習以爲常的單調生活添加額外的調劑，就算是帶刺的伴侶也可能在盡興之時磨平了稜角。

67 享受生活中的小事

在承受壓力時，提醒自己停下腳步去欣賞一些簡單的事物，像是聞聞玫瑰花香。**焦慮會把任何人都變得帶刺，因此每天都要記得把憂慮擱下一會兒，去尋找一些簡單的快樂。**除了可以避免自己也變成帶刺伴侶，也能保留能量去應付生活。

68 保有幽默感

在某些時刻，保有幽默感可能是世界上最困難的事情，屈服於負面情緒要容易得多。當你的努力看似沒有回報、你的伴侶看似冥頑不靈，不要過度沮喪，反之，試著從當下情況找到幽默的那一面、光明的那一面，人類是一種天生好奇的動物，好奇心就該發揮在這種時刻。

69 保持微笑，遠離吼叫

當爭吵一觸卽發，試著引導對話的走向，避免雙方說出一些傷人的話語。吼叫，是一種充滿怒氣或恐懼的表現；笑容，則是洋溢自信、撫慰與活力。

因此，試著做一些能喚起笑容的事情……就算純粹是爲了緩和當下的氣氛，這可能正是你們兩人所需要的新鮮空氣。

「愛，是一種無限寬容的行為，
一種已成習慣的溫柔神情。」

——彼德·烏斯蒂諾夫（Peter Ustinov）

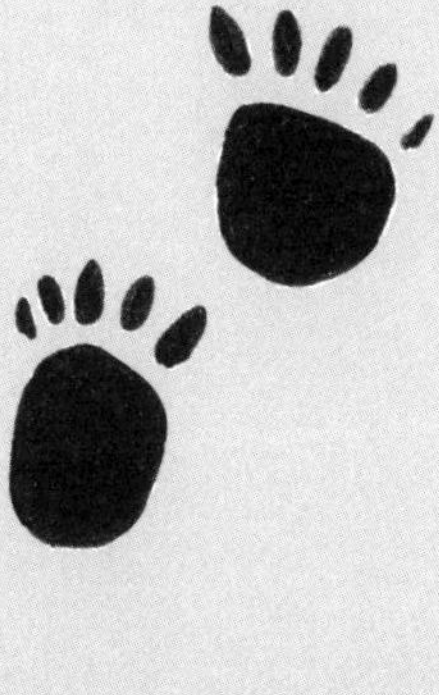

帶刺的小孩

如今，隨著即時通訊、社群平台、線上聊天的普及，我們的孩子早在建立自我認知與價值觀之前，就被各種線上關係與社會問題所困擾。身爲父母，我們責無旁貸要確保小孩發展健全的自我意識，避免迷失在沒有意義、有時甚至危險的數位交流。小孩暴露在大量干擾之下——電玩、含有不適合孩子年齡的內容、直接向他們推銷的消費產品——父母挺身應對這些挑戰至關重要。

除了網路帶來的挑戰之外，現代小孩在其他許多方面所面臨的情況，其實與二十年前並沒有太大差別。連貫性、透明性與誠實，仍是父母最重要的教養技能。我在接下來的章節提供了一些父母面對帶刺小孩的策略。

70 表明你的價值觀

很常見的情況是，我們的價值觀是在事後以某種預設模式出現的。例如，我們在發現孩子說謊後才指責他說謊不對。然而，爲時已晚。

直接且明確地向小孩說明你們家庭的價值觀——例如寬以待人、保持誠信、慷慨大度等等。平常就傳達這些觀念，你下次要糾正小孩時，他們比較容易理解，也有助於他們在成長過程中自行判斷對錯。

71 共同探索價值觀

向你的小孩傳達家庭價值觀的方法之一，就是一起進行討論——在某些情況下，你甚至需要捍衛它們的價值。這除了有益於小孩的道德發展，爲人父母者也能一路相伴成長。當小孩問道：「爲什麼？」你應該要有答案，或者表示願意去尋求答案。有時候，答案不會太簡單，但與小孩坐下來開誠布公地進行討論，你也是在教導他尊重自己與別人的價值觀。

72 堅守主題

帶刺的人（不論是一身反骨的小孩，或冥頑不靈的大人）都是把干擾別人當作一種防禦手段。指責與強辯，不過是他們把別人的注意力從他們的行爲轉移到其他事物的一種方式，這是很典型的干擾技術。小心別落入陷阱。要化解你與小孩之間的矛盾，切記要堅守主題，以免被模糊了焦點。

73 避免說教

向小孩解釋、一起討論，但要避免說教。面對帶刺的小孩，你應當試著引導他敞開心懷說出他的感受。說教只會造成反效果，讓他閉嘴拒絕溝通。因此，與其長篇大論一番，不如用平常對話的口吻邀請他參與討論。

74 不用假裝自己完美無瑕

許多父母都覺得自己必須是無可挑剔的存在，才能贏得孩子們的尊重。然而，實際上的情況卻是恰恰相反。**透過展現自己的脆弱，父母是在向孩子表明自己也同樣會受到現實、挫折與衝突的影響，孩子遭受挫敗並不孤單**。父母同樣需要奮鬥度過自己的難關。

讓小孩知道父母理解他們爲什麼有時候會升起防衛心。接著，你們就可以進入下一個階段：向小孩解釋有比亂發脾氣更好的方式來處理自己的情況。

75 言出必行

這個提點相當簡單明瞭，卻蘊含強大力量。

父母希望自己的孩子怎麼做，就要自己先這麼做。認真看待自己說的話，說到就要做到。

76 摸清小孩的喜好

父母與帶刺小孩的關係需要分享與交流才能改善。如我們所見，父母與小孩的關係若是一條單向道，它就不是對話，反而經常會流於說教——最後的結果會讓雙方都感到沮喪。

父母不應該期望或假設自己的喜好也會是孩子的喜好。反之，應該試著拓展自己的思維，去摸清與接納孩子的興趣。例如，你的小孩偏愛某一個搖滾電台，下回當你們都在車上時就打開這個電台。父母依然可以自由發表評論——不必勉強自己接受不喜歡的東西。如果父母喜歡，就告訴小孩；如果不喜歡，也可以讓他知道。以平和的方式來表達自己是否喜歡以及爲什麼，如此也是在向小孩展示正確的溝通方式——或許還可以因此出現一場興味盎然的討論。

77 在小孩同意的前提下，造訪他的地盤

在自然界，如果豪豬的地盤遭到入侵，牠會起而捍衛。我們的孩子也是一樣。如果孩子的房間「謝絕」父母進入，父母每次闖進都會被視作入侵。

尊重孩子的隱私權，在他們同意的情況下才進入他們的房間。如果他們願意，花些時間陪伴他們做功課。在小孩同意的情況下才這麼做，可以避免引起對立，拉進彼此的關係。

78 減少數位時間

如果父母花在線上的時間跟小孩一樣多，就很難規範孩子減少數位時間。從自己做起，在家庭日常作息中規劃一些離線時間或離線日。父母可以從「遠離手機」開始，例如在三餐的用餐時間、平日晚上八點過後等。在線上的時間愈少，就意謂著在現實世界的時間愈多，相互了解的機會也就愈多。父母要拒絕利用線上虛擬世界來逃避現實紛擾的誘惑。

79 創造無價的歡樂時光

現代父母需要跟電視、手遊、社群平台等，激烈競爭與小孩的共處時間。因此，父母應該更有策略，每隔一陣子就設定關機時間，關掉電視、手機，然後拿出一疊紙牌或是你喜愛的桌遊。如果小孩不懂遊戲規則，就教他們慢慢上手。你們不但可能玩得很盡興，同時也有機會看到孩子的另一面，而這是你們如果緊盯著電視、手機螢幕，就會錯過的無價樂趣。更重要的是，這是屬於你們闔家創造的歡樂，也是將來回味無窮的記憶。

80 傾聽與說話同等重要

在跟孩子溝通時，**如果父母說的比聽進去的還要多，這就不叫對話，而是自言自語。**在跟人對話時（不僅是跟孩子），我們都會有衝動要一股腦把自己想講的話講完，而忽略對方的聲音。我們要抗拒這種衝動，反之，多問一些問題來邀請對方參與對話。當孩子說話時，引導他們多做說明，增加了解他們的機會，而不要自顧自地責罵。只要孩子需要，父母就洗耳恭聽。

「當另一個人的幸福就是你的幸福所繫，
那就是愛了。」

——羅伯特·海萊恩（Robert Heinlein）

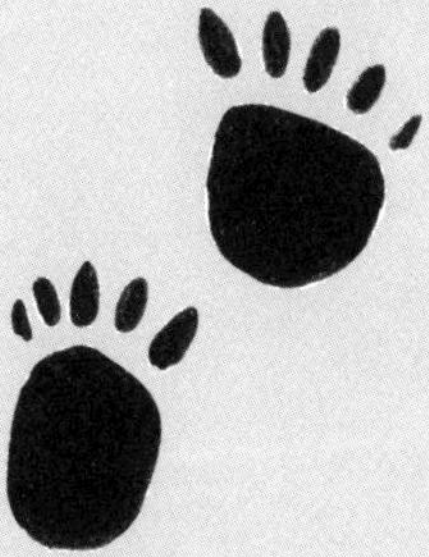

#1
DAD!

帶刺的父母

跟父母的關係是一個微妙的課題。身爲獨立的個體，父母和子女不可能事事都意見相同；但作爲家庭成員，我們總是希望彼此能夠相互扶持。這樣的矛盾可能會造成許多摩擦。

當我們成年，一方面想要獨立自主，一方面又希望與父母保持聯繫，在這當中會產生許多需要克服的難題。我們敬愛父母，但也同時會放大他們的不足與缺點。我們深愛父母，但有時彼此在生活經驗上的差異實在大到難以克服。

很多人都希望能夠擺脫舊有的相處模式，與父母建立更具有意義的關係。然而，如果我們面對的是帶刺父母，這將會特別困難。他們可能容易失控、習慣批評、碎碎念，或者根本難以理喻，在這樣的情況下，我們很難與他們共處，更遑論欣當他們了。所幸，我們還是有些策略可以緩和這樣的關係，首先，深呼吸，接著，繼續看下去。

81 過去是過去，現在是現在

對於我們大多數人來說，童年是發展自我意識與學習自主能力的時期。然而，**我們不斷成長的自我意識往往會與父母的感受、期望與價值觀產生碰撞。這些衝突雖然痛苦，卻是我們獲得獨立的關鍵。**

父母與孩子有可能無法釋懷這期間發生的種種摩擦：朝對方咆哮、用力甩門，乃至於傷人的話語。有些孩子甚至直到成年以後，還對這些衝突耿耿於懷。

當我們面對帶刺的父母，特別要牢記：過去是過去，現在是現在。我們的「現在」或許仍有過去的回聲迴盪在腦海裡，但它也可以是一個嶄新的開始。雖然我們努力理解過去，但不必成爲它的奴隸。現在與未來的方向，是由我們自己決定。

82 從陌生人的角度認識父母

請試試下列的思想實驗：假設你搭乘飛機，展開一趟橫渡大西洋的旅程，你的座位旁邊是一位年長的陌生人。在這個實驗中，你要把這位陌生人想像成是你的父母。你會如何與他進行交談？你可能從與他的交談中學到什麼？當你想像這些交談時，愈具體愈好。接著，再想想當你們愈來愈了解對方後，交談是否會變得更加熱絡，甚至留下彼此的聯繫方式，相約之後再碰面。你沒有理由不能把如此愉悅的對話移到自家的餐桌前進行。你和父母之間一定尚有許多相互不了解的地方，你們愈願意分享，就愈有機會從中發現你們的共通點。

83 改變需要時間

有時候會出現這樣的情況：無論你多麼努力，都不能讓父母滿意。無論你怎麼做，在他們眼中似乎都不對——你的廚藝、教養方式、穿著打扮——沒有一件事不招致父母批評。這實在令人沮喪。

我們曾有一段時間非常依賴父母，不過，現在已經獨立。父母或許會用比較的方式來抓住他們在你生活中的影響力——比較他們與你的教養方式、比較他們與你的生活習慣、比較他們與你的物質條件等。他們這麼做並非出於惡意，只是用他們慣有的方式來行事。體諒他們的處境，理解改變對他們而言需要時間，懷抱耐心進行溝通，你冷靜和體諒的態度有助於化解大部分的矛盾。

84 接受父母的人設

每一個人，尤其是帶刺的父母，都有自己想要塑造並且希望他人記住的形象：可能是一位廚藝高手、釣魚專家、團體中的開心果、得過獎的麵包師傅。

讓父母定義自己的形象，你和你的孩子可以一起探索他們的這一面，儘管這可能與你敬愛他們的原因不一致。然而，這是父母對自己的看法，同時也是希望別人記住的形象。給予尊重，同時抱持著你或許能從中認識父母不同一面的心態。

85 讓父母參與你的生活

當父母表現得像隻帶刺的豪豬，也可能只是因爲他們對自己的生活感到無聊。邀請父母參與你的生活，一起看電影、逛街，一起到鄰居或朋友家共進午餐或烤肉。也可以邀請他爲你們規劃旅遊行程。如果你很忙或是你的行程對父母太過緊湊，試著放慢腳步，或是鼓勵父母去從事其他活動，然後在一天的活動結束後，跟你分享他們的所見所聞。

86 用平靜與關懷相待

開放態度勝過防衛姿態；用關愛之心擊退彼此猜忌；付出關懷幫助對方戰勝恐懼。用平靜與關懷跟父母互動，才有機會瓦解他們的防衛與焦慮。

帶刺的陌生人

你是否曾遇過那些看似沒有經歷倒霉一週、至少也度過糟糕一天的陌生人？他們可能是態度不佳的電話客服、飯店櫃檯人員或服務生。

那麼，除了摸摸鼻子或直接回嗆，是否有更好的方法來面對他們？畢竟，我們並不認識他們，不知道要花費多少精力來安撫或理解他們才適當。但這不代表只因我們可能不會再相遇，就不用試著釋出善意化解這種難堪的情況。

接下來，我提供了一些策略幫助你面對生活中不期而遇的帶刺陌生人。

87 說幾句體貼的話

有時候，我們沒有充裕的時間跟對方深入交談，引導他跨越困擾著他的事情。有時候，即使我們這麼做了，對方仍然毫不領情，渾身帶刺。

所以，就讓事情簡單化，單純對他說幾句體貼的關懷話語。對有些人而言，光是這樣就足以爲他帶來暖意，轉換心情。

88 別把問題往自己身上攬

　　當我們遇上帶刺的陌生人，場面在瞬間變得很難堪，記得這不是我們的過錯。我們可以試著理解對方也許有苦衷，但造成當下局面的依然是對方，而不是我們。別讓自己因此感染上對方的負面情緒。

89 懂得何時轉頭離開

富有同理心不代表沒有底線任人欺負。對方或許有苦衷、有怒氣想要一吐為快，我們可以鼓勵他用有建設性的方法來表達自己。**但如果他選擇進行人身攻擊，我們大可選擇轉頭離開。**

90 找經理聊聊

找經理聊聊，通常是令人尷尬且不樂見的最後一步。但你也可能是爲遭遇問題的對方提供一個機會：他的經理很有可能早就需要解決這個存在已久的問題。因此，你在冷靜思考過後如果認爲有此必要，就用有禮貌的方式要求見經理或主管。透過合宜的態度，你不無可能促成各方達成共識，並且一勞永逸地解決問題。

第四部

我們內心裡的刺

「養成無論在任何時間、任何情況下，
都以最樂觀的眼光來評斷他人與事情的習慣。」

——聖文生・德・保祿（Saint Vincent De Paul）

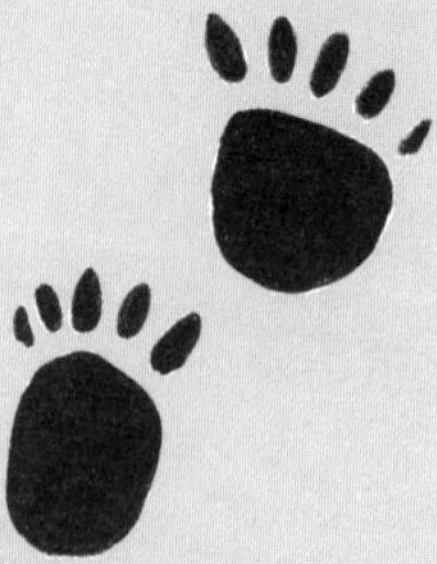

每個人心裡都有一頭豪豬，當我們受到責難或遇到挑戰，牠就會現身——尤其是當我們被迫面對令自己感到侷促不安的習慣或行爲。

我們都希望自己擁有與衆不同的一面，有些人希望在工作上更有效率；有些人希望去健身擁有好身材；有些人希望家裡更有條不紊。這些通常也是我們的軟肋，每當有人抨擊我們這些事情做得不夠理想，我們就會升起防衛心，豎起身上的刺，開始窘迫地捍衛自己的工作表現、體態與整潔。等到防禦武裝慢慢卸下，我們已經引發了一場爭執、耗費了許多精力，並且讓自己遠離了改變的契機。

當我們要學習如何搞定帶刺的人，應該從我們最熟悉的人開始——也就是你自己。

91 對自己誠實

如果我們希望身邊的帶刺之人坦誠面對他們的行爲，我們就要自己先這麼做：對自己的行爲誠實與負責。盤點自己的不足之處（下一則提點會教你如何面對內心的刺），這是通往改變的第一步。

92 認識自己的防衛性動作

每個人表現焦慮或升起防衛的方式互有不同。有些人變得愛發牢騷，有些人變得暴躁易怒，有些人則是變得暴食或厭食，另外還有些人會選擇逃避。

當自己下次又採取防禦姿態，試著識別自己有哪些防衛性行爲。對它們有所認識，才能提醒自己改採有建設性的回應，而不是延續這些不健康的反應。

93 直面自己的軟肋

「你到底在防衛什麼？為什麼？」這是你需要回答，卻可能還不知道答案的關鍵性問題。如果你想找到解答，就必須直接面對自己的軟肋。如果需要協助，你可以求助於你親近的人、朋友或心理諮商師。

94 沒有捷徑

「面對自己」可能是你遇過最爲艱難且最爲關鍵的挑戰。你除了要在過程中寬待自己，也要堅守自己必須完成的事情。面對自己的軟肋，接著擬定計畫來改善它們。不論你有多少次想半途而廢，提醒自己這件事沒有捷徑。日子沒那麼好過，我們更要好好過。

最後的叮嚀

我衷心希望這些提點能夠幫助你改善與生活中的帶刺之人的關係。更重要的是，所有人（包括渾身是刺的人）都需要與值得我們用同理心來對待。把這些提點實踐於生活之中，不要害怕擁抱對方的刺。

參考資料

艾爾伯特・艾利斯，《如何堅拒讓自己爲任何事感到痛苦——是的，任何事！》（*How To Stubbornly Refuse To Make Yourself Miserable About Anything—Yes Anything!*）紐約：肯辛頓出版公司（Kensington Publishing Corp.），2006

艾爾伯特・艾利斯，《自尊的神話》（*The Myth Of Self Esteem*）阿姆赫斯特，紐約：普羅米修斯出版社（Prometheus Book），2005

達賴喇嘛，霍華德·C. 卡特勒（Howard C. Cutler），《幸福的藝術》（*The Art of Happiness*）紐約：里佛黑德出版社（Riverhead Books），1998

盧尼·麥可（Leunig Michael），《當我和你交談時：一位漫畫家與上帝的對談》（*When I Talk to You: A Cartoonist Talks to God*）安德魯斯·麥克梅爾出版社（Andrews McMeel Publishing），2006

前言作者與譯者簡介

前言作者：黛比・約菲・艾利斯博士

澳洲專業心理治療師、在紐約執業的心理健康諮商師，同時也在哥倫比亞大學師範學院擔任兼任教授。她隸屬於多個重要的心理協會與學會，包括澳洲心理學會與美國心理協會等。她曾與丈夫艾爾伯特・艾利斯博士聯手透過公開演說與專業訓練來大力推廣理性情緒行爲療法（Rational Emotive Behavior Therapy，REBT），並且參與多項相關研究計畫與撰寫論文，直至艾爾伯特於二〇〇七年去世。她持續以演說、執業與寫作等途徑來推廣艾爾伯特首創的REBT。她有多部與艾爾伯特・艾利斯博士合著的書籍。在紐約設有私人診所，並且持續在美國與全球各地發表演說，舉行研討會與專題討論。

■譯者：王曉伯

曾任職財經媒體國際新聞中心編譯與主任多年。著有《華爾街浩劫》、《葛林史班：全世界最有權力的央行總裁》（合著）。譯作包括《慷慨的感染力》、《一切都會好轉的》、《AI製造商沒說的祕密》、《菁英體制的陷阱》、《光天化日搶錢》、《有溫度的品牌行銷》、《我們爲什麼要上街頭？》。

大人國022

他不讓你好過，你更要好好過：
面對帶刺之人的不受傷練習

前言作者—黛比．約菲．艾利斯博士Dr. Debbie Joffe Ellis｜內文版權—Hatherleigh Press, LTD.｜譯者—王曉伯｜副總編輯—陳家仁｜企劃—洪晟庭｜封面設計—陳恩安｜內頁排版—李宜芝｜總編輯—胡金倫｜董事長—趙政岷｜出版者—時報文化出版企業股份有限公司／108019台北市和平西路三段240號4樓／發行專線—（02）2306-6842／讀者服務專線—0800-231-705（02）2304-7103／讀者服務傳眞—（02）2302-7844／郵撥—19344724時報文化出版公司／信箱—10899臺北華江橋郵政第99信箱／時報悅讀網—http://www.readingtimes.com.tw／法律顧問—理律法律事務所　陳長文律師、李念祖律師／印刷—勁達印刷有限公司／初版一刷—2024年8月30日／初版二刷—2024年10月31日／定價—新台幣350元（缺頁或破損的書，請寄回更換）

ISBN　978-626-396-563-8｜Printed in Taiwan

時報文化出版公司成立於一九七五年，並於一九九九年股票上櫃公開發行，於二〇〇八年脫離中時集團非屬旺中，以「尊重智慧與創意的文化事業」爲信念。

他不讓你好過,你更要好好過：面對帶刺之人的不受傷練習/黛比.約菲.艾利斯(Debbie Joffe Ellis)著；王曉伯譯. -- 初版. -- 臺北市：時報文化出版企業股份有限公司, 2024.08｜168面；15×15公分. -- (大人國；22)｜譯自：How to hug a porcupin : easy ways to love the difficult people in your life｜ISBN 978-626-396-563-8(平裝)｜1.CST: 人際關係 2.CST: 人際衝突 3.CST: 衝突管理｜177.3｜113010344